¡A EMPACAR!

Área total y volumen

Chloe Lane

Asesoras

Pamela Dase, M.A.Ed.
Maestra certificada por la Junta Nacional
Barbara Talley, M.S.
Universidad de Agricultura y Mecánica de Texas

Créditos de publicación

Rachelle Cracchiolo, M.S.Ed., *Editora comercial*
Emily R. Smith, M.A.Ed., *Vicepresidenta superior de desarrollo de contenido*
Véronique Bos, *Vicepresidenta de desarrollo creativo*
Caroline Gasca, M.S.Ed., *Gerenta general de contenido*
Robin Erickson, *Directora superior de arte*

Créditos de imágenes

Portada Brenda Carson/Nicky Rhodes/Shutterstock; pág.1 Brenda Carson/Nicky Rhodes/Shutterstock; pág.4 (izquierda) STEVECOLEccs/Shutterstock, (derecha) Monkey Business Images/Shutterstock; pág.5 Tim Bradley; pág.6 (superior) Getty Images, (inferior) Dirk Ercken/Shutterstock; pág.7 Monkey Business Images/Shutterstock; pág.8 (izquierda) Monkey Business Images/Shutterstock, (derecha) mojito.makdog/Shutterstock; pág.9 (superior) Vladimir Nikitin/Shutterstock, (inferior) Tim Bradley; pág.10 (izquierda) Impact Photos/Alamy, (derecha) Getty Images; pág.11 Tim Bradley; pág.12 Getty Images; pág.13 (superior) BigStock Photo, (inferior) Getty Images; pág.14 (superior) Getty Images, (inferior) Kurhan/Shutterstock; pág.15 Tim Bradley; pág.16 Getty Images; pág.17 Tim Bradley; pág.18 (izquierda) FikMik/Shutterstock, (derecha) Alice/Shutterstock; pág.19 Neri Garcia; pág.20 Iriana Shiyan/Shutterstock; pág.21 Tim Bradley; pág.22 (derecha) Ultrashock/Shutterstock, (izquierda) Tim Bradley; págs.22–23 Igor Kovalchuk/Shutterstock; pág.23 Neri Garcia; pág.24 Getty Images; pág.25 (izquierda) Seregam/Shutterstock, (derecha) Inga Nielsen/Shutterstock; pág.26 iofoto/Shutterstock; pág.27 Monkey Business Images/Shutterstock; pág.28 (izquierda) Monkey Business Images/Shutterstock, (derecha) Jaimie Duplass/Shutterstock

TCM | Teacher Created Materials

5482 Argosy Avenue
Huntington Beach, CA 92649
www.tcmpub.com
ISBN 979-8-7659-6053-0
© 2024 Teacher Created Materials, Inc.
Printed by: 51497
Printed in: China

TABLA DE CONTENIDO

UN NUEVO COMIENZO

¡Hoy me mudo a una nueva casa! Hemos estado muy ocupados por aquí. La familia entera ha estado empacando todo para mudarnos a una nueva ciudad. El camión de mudanzas llegará esta mañana para cargar nuestras cosas.

La mudanza me pone un poco nerviosa y **ansiosa**. Primero, porque debo cambiar de escuela y hacer nuevos amigos. A veces, conocer personas nuevas es muy difícil. En segundo lugar, porque debo organizar y empacar todas mis cosas y, luego, desempacarlas y organizarlas otra vez. Es mucho trabajo, ¡pero también estoy muy entusiasmada porque nuestra nueva casa es espectacular!

Las cajas que se usan para transportar cosas tienen distintas formas. Algunas tienen forma de **cubo**. Otras son **prismas rectangulares**. Cuando las personas se mudan, necesitan cajas de todas las formas y tamaños. Las cajas permiten organizar las pertenencias de una familia. Las cajas también protegen los objetos para que las personas puedan llevarlos de un lugar a otro.

Lo primero que hizo mi familia cuando empezamos a empacar fue reunir una gran variedad de cajas. Nuestras cajas tenían que ser de varios tamaños porque necesitábamos guardar diferentes tipos de objetos.

Empacamos las cosas de una habitación a la vez. Clasificamos los objetos para que cupieran bien en una caja. Los objetos pequeños generalmente los empacamos juntos. Por ejemplo, pusimos las tazas y los platos en una caja pequeña. Los objetos más grandes a veces necesitan una caja entera para ellos solos. Algunos objetos grandes que empacamos fueron el televisor y el monitor de la computadora.

¿Qué es el volumen?

El **volumen** es la cantidad de espacio que ocupa un objeto **tridimensional**. Indica la cantidad de cubos de un determinado tamaño que llenan un espacio tridimensional. El volumen se mide en unidades cúbicas.

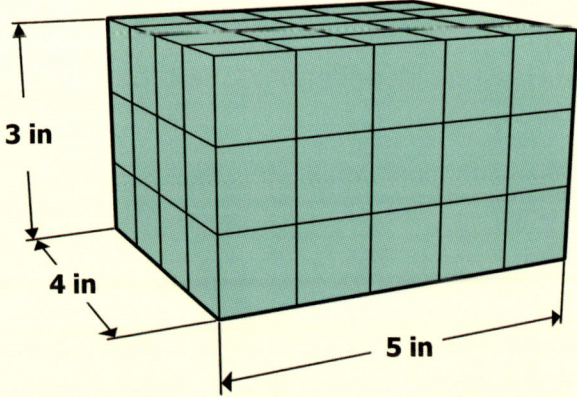

3 in

4 in

5 in

El volumen de esta caja es de 60 in^3. La expresión "in^3" significa "pulgadas cúbicas". Eso quiere decir que en la caja caben 60 cubos de 1 pulgada.

El último paso muy importante que seguimos al empacar nuestras cosas fue rotular las cajas. Queríamos asegurarnos de que las cajas fueran llevadas a la habitación correcta. ¡No queríamos desempacar los objetos del baño en la cocina de la nueva casa!

EXPLOREMOS LAS MATEMÁTICAS

La mayoría de las cajas que se usan en las mudanzas son prismas rectangulares. También lo son muchos otros recipientes, como el terrario de abajo. Para hallar el volumen de un prisma rectangular, usa la **fórmula** $V = lah$. Esta fórmula te indica que debes multiplicar la longitud (*l*) por el ancho (*a*) por la altura (*h*, del inglés *height*).

a. Usa la fórmula del volumen de un prisma rectangular para hallar el volumen de un terrario que mide 21 in de largo, 13 in de ancho y 14 in de alto.

b. ¿Cuál sería la altura de un terrario que mide 3 ft de largo y 1 ft de ancho si el volumen es de 6 ft³?

HAGO MI PARTE

Mi familia tenía mucho que empacar, así que todos ayudamos. Yo me ocupé de empacar las cosas de mi habitación. Mis padres confiaron en que sabría clasificar mis cosas y colocarlas en las cajas. Además, en la nueva casa, voy a querer desempacar mis cosas y acomodarlas en mi habitación.

Empacar de manera segura

Cuando empacas cosas en una caja, debes asegurarte de que los objetos delicados no se rompan. Una manera de hacerlo es envolverlos cuidadosamente con papel de periódico o de burbujas. Algunas personas también colocan bolitas de **poliestireno expandido**, que evitan que los objetos choquen entre sí dentro de la caja.

Mi hermano me ayudó a decidir el tamaño de las cajas que debía usar.

Mi habitación es mi espacio privado y me gusta que sea de determinada manera.

Clasifiqué mis cosas porque hay algunas que caben en cajas pequeñas, otras en cajas medianas y otras en cajas grandes. Empaqué los botines de fútbol y las canilleras en una caja pequeña. La mayoría de las sudaderas entraron en una caja mediana. Usé una caja grande para la computadora y los altavoces.

Algunos de mis objetos más preciados son mis libros. ¡Tengo una estantería repleta! Aunque no lo creas, aún tengo los libros que me dieron cuando comencé la escuela.

Como los libros son pesados, al empacarlos debes usar cajas pequeñas. Si no, es probable que luego no puedas levantar la caja.

EXPLOREMOS LAS MATEMÁTICAS

Mira esta caja.

a. ¿Cómo puedes hallar la cantidad de cubos que hay en la capa superior de la caja?

b. ¿Cuántas de esas capas hay en toda la caja?

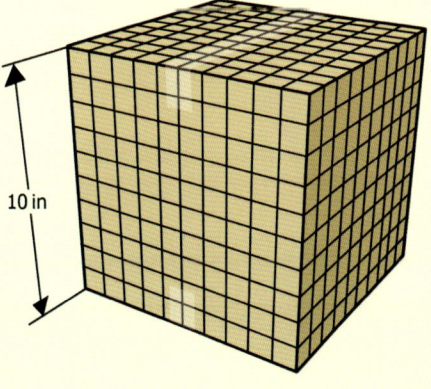

10 in

c. Halla el volumen de esta caja. Acuérdate de expresar la respuesta en la unidad correcta.

d. Explica por qué también puedes usar la fórmula del volumen de un prisma rectangular para hallar el volumen de un cubo.

MANERAS DE MUDARSE

Las personas pueden mudarse al otro de la calle o al otro lado del mundo. Se mudan a nuevas casas o nuevos apartamentos, pero las maneras de mudarse pueden ser diferentes. Algunos organizan la mudanza ellos mismos. Les piden a familiares o amigos que los ayuden a llenar las cajas y a cargarlas en un auto o en un camión. Tal vez, incluso alquilen un camión de mudanzas para llevar más cosas a la vez y hacer menos viajes. Es probable que quienes hacen la mudanza ellos mismos no tengan muchas cosas que trasladar y por eso pueden hacerlo solos. De esa manera, también ahorran dinero.

En el mundo, hay distintas formas de mudarse. Esta familia usa un bote para cruzar el lago Malaui, en Malaui, África.

Los kochis son un pueblo nómada de Afganistán que se traslada desde zonas del norte hacia el sur y el sureste del país en caravanas de camellos. Van en busca de climas más cálidos y buenas tierras de pastoreo para sus animales.

Algunas cosas se pueden llevar en el auto. Mira las dimensiones aproximadas del maletero de este auto.

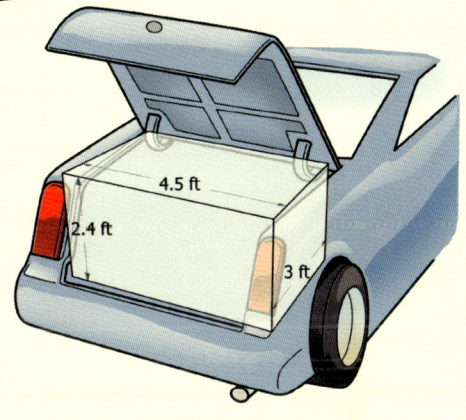

Ahora mira el espacio que hay en la parte trasera de un camión de mudanzas.

a. ¿Cuál es el volumen de estos dos espacios diferentes?

b. ¿Aproximadamente cuántas cargas del maletero del auto cabrían en el camión de mudanzas? Redondea tu respuesta a la decena más próxima.

Muchas personas contratan servicios profesionales de mudanzas. Contratan a expertos que cargan las cajas y los muebles en un camión grande. Luego, cuando la familia llega a su nuevo hogar, la empresa llega también con el camión y descarga todas las cosas. Ellos se aseguran de que todas las cajas se coloquen en las habitaciones correctas. ¡Por eso, es **esencial** rotular las cajas!

La empresa de mudanzas

Mi familia decidió contratar una empresa de mudanzas porque tenemos muchas cosas y nuestros muebles son muy pesados. Mis padres pensaron que, si teníamos profesionales que nos ayudaran a mudarnos, ese día iba a ser mucho menos complicado. ¡Creo que tuvieron razón!

Los empleados de la empresa de mudanzas tuvieron que hacer mucho trabajo en muy poco tiempo. Por supuesto, tenían que ser bastante fuertes para mover las cosas pesadas. También debían ser cuidadosos para no romper nada.

Los empleados de la empresa de mudanzas envolvieron el sillón con plástico para que estuviera protegido durante la mudanza.

¡Cuidado con los objetos frágiles!

Muchas personas que se mudan deciden poner el rótulo "frágil" en algunas cajas. Eso significa que las cosas que hay allí se rompen fácilmente. Cuando la empresa de mudanzas ve el rótulo "frágil" en una caja, sabe que debe tratarla con mucho cuidado.

Otra tarea importante de la empresa de mudanzas es cargar el camión con cuidado. Los empleados deben colocar las cajas de una manera especial. Por lo general, ubican las cajas pesadas abajo y apilan las cajas livianas encima. También deben colocarlas de manera tal que no se deslicen con el movimiento.

UN NUEVO HOGAR

Los empleados de la empresa de mudanzas hicieron un gran trabajo. Cargaron el camión y llevaron todo a la nueva casa. Nosotros los seguimos en el auto. Apenas llegaron, mi mamá les indicó dónde estaban la cocina, la sala de estar, los baños y las habitaciones. Les recordó que llevaran cada caja a la habitación correcta. Solo debían leer los rótulos para saber dónde ubicar cada cosa.

Después de un largo descanso para almorzar, llegó la hora de volver al trabajo. Mientras los empleados descargaban, nosotros comenzamos a desempacar las cajas. Mi papá comenzó por la cocina. Desempacó muchos de los platos y los utensilios. Como habíamos clasificado bien las cosas de la cocina, le resultó muy fácil desempacar todo y guardar cada cosa en su lugar.

Equipos para la mudanza

Las empresas de mudanzas usan distintos equipos que les permiten trasladar muebles grandes y pesados. A veces usan un carro especial para mover objetos pesados. Los ayuda a cargar y descargar las cajas. También usan mantas para cubrir los muebles y correas para sujetar los objetos dentro del camión.

Mi papá desempacó las cajas de la cocina. Desempacó una caja pequeña que, en su mayoría, tenía latas de sopa. Las latas de sopa tienen forma de **cilindro**. La fórmula para hallar el volumen de un cilindro es $V = \pi r^2 h$. Halla el **área** de la base circular (πr^2), luego multiplícala por la altura (h). El volumen de un cilindro se mide en unidades cúbicas, al igual que cualquier otro objeto tridimensional. Sin embargo, cuando lo imagines lleno de cubos, algunos de esos cubos no estarán enteros porque el cilindro es redondeado.

Clave

$\pi = $ pi ≈ 3.14

$r = $ **radio**

$h = $ altura

Área de un círculo

$A = \pi r^2$

Volumen de un cilindro

$V = \pi r^2 h$

Mira la lata de sopa que se muestra arriba. Usa 3.14 para el valor de π.

a. ¿Cuál es el área de la base circular? Redondea tu respuesta a la centésima más próxima.

b. ¿Cuál es el volumen de la lata de sopa?

c. ¿Cuál es el volumen de una lata que tiene un radio de 4.2 cm y una altura de 11 cm? Redondea tu respuesta a la centésima más próxima.

EXPLORAR EL PATIO

Mientras la empresa de mudanzas descargaba las cajas, me tomé un descanso para recorrer la casa nueva. Es mucho más grande que nuestra casa anterior. Mi parte favorita es el nuevo patio trasero porque podremos disfrutarlo cuando haga calor. También hay un jardín bonito, ¡pero la mejor parte es la piscina y el *jacuzzi*!

La seguridad ante todo

Si tienes una piscina en tu hogar, debes colocar un cerco o un muro alrededor. De hecho, algunos lugares tienen leyes que exigen que la piscina esté cercada. De ese modo, los niños pequeños o quienes no saben nadar no pueden acercarse. Los dueños de casa son responsables de la seguridad de las personas en sus piscinas.

No veo la hora de usar la piscina este verano. Nunca había vivido en un lugar con piscina. Observé que nuestra piscina es rectangular y el *jacuzzi* es cilíndrico. Sé que si hallo el volumen de cada uno, puedo descubrir cuánta agua cabe en su interior. Claro que la piscina tiene escalones y el *jacuzzi* tiene asientos, así que mis cálculos no serán exactos.

EXPLOREMOS LAS MATEMÁTICAS

Mira las imágenes de mi piscina y mi *jacuzzi*. Usa 3.14 para el valor de π.

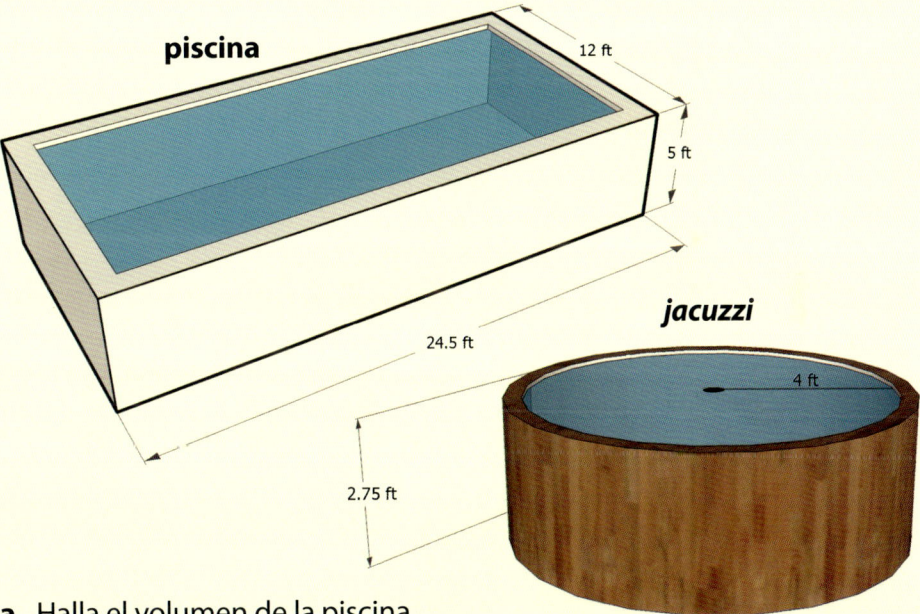

piscina — 12 ft — 5 ft — 24.5 ft — 2.75 ft

jacuzzi — 4 ft

a. Halla el volumen de la piscina.

b. Halla el volumen del *jacuzzi*. Redondea tu respuesta a la centésima más próxima.

c. Dado que el *jacuzzi* tiene asientos, ¿el volumen real del *jacuzzi* será mayor o menor que tu respuesta al problema **b**?

d. ¿Por qué la fórmula para hallar el volumen de la piscina es diferente de la que se usa para hallar el volumen del *jacuzzi*?

UNA MANO DE PINTURA

    Después de explorar el patio, exploro un poco más la casa. Sé que hay que volver a pintar muchas de las habitaciones, y mi papá me pidió que lo ayudara. Quiere que yo pinte todas las superficies del interior del garaje: ¡el piso, el **cielorraso**, las paredes y la puerta! Tengo que calcular cuánta pintura hay que comprar. El piso mide 22 pies por 24 pies, y la altura del garaje es de 10 pies. Con esas dimensiones, puedo hallar el **área total** del garaje. De ese modo, sabré cuánta pintura comprar.

El área total

El área total de una figura tridimensional es la suma del área de todas sus caras. Si desplegaras el cuerpo geométrico, formaría un patrón **bidimensional** llamado **red**. Se debe hallar el área de todas las caras de una red para obtener el área total del cuerpo geométrico. El área total se mide en **unidades cuadradas**. Eso significa que el área total determina la cantidad de cuadrados de un tamaño específico que cubrirán la superficie.

Halla el área total del garaje.

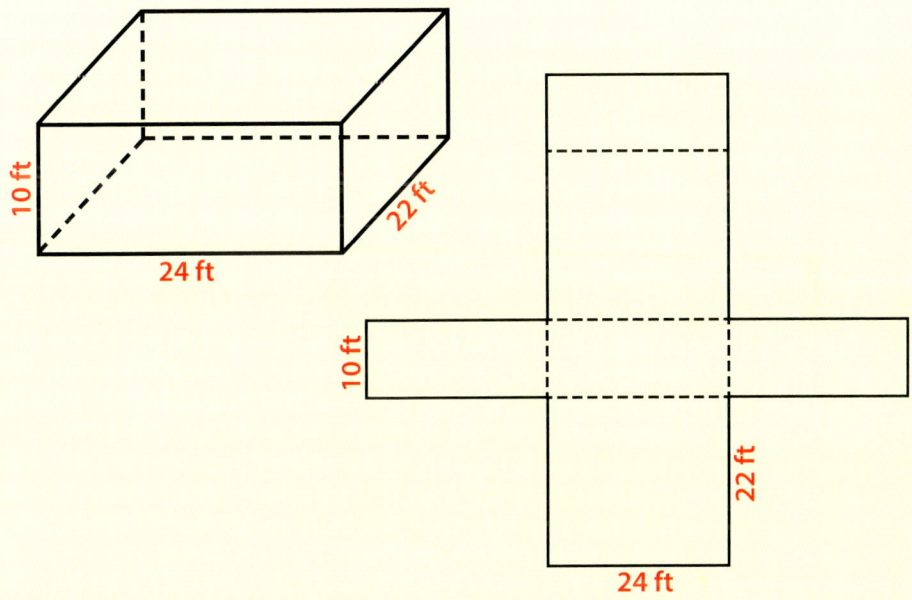

a. Comienza por hallar el área del piso del garaje. Luego, duplica esa área para incluir el cielorraso.

b. Halla el área de una de las paredes laterales. Luego, duplica esa área para incluir la pared opuesta que tiene la misma área.

c. Halla el área de la pared posterior. Luego, duplica esa área para incluir la pared del frente.

d. Suma las áreas de las seis caras. ¿Cuál es el área total? Asegúrate de expresar tu respuesta en pies cuadrados (ft^2).

e. El garaje de mi abuela mide 22 ft por 20 ft por 8 ft. ¿Cuántas latas de pintura se necesitarán para pintar el interior del garaje si una lata cubre 388 ft^2?

f. Usa tu trabajo para escribir una fórmula que permita hallar el área total de un prisma rectangular. (*Pista:* En tu fórmula, usa *l* para la longitud, *a* para el ancho y *h* para la altura).

LA FORMA DE MI HABITACIÓN

Es hora de volver al trabajo de hoy: ¡desempacar! Yo estoy a cargo de desempacar las cajas de mi habitación, y también debo decidir cómo organizar los muebles allí.

Mi nueva habitación tiene forma de prisma rectangular. Debo averiguar cómo hacer que quepan todos los muebles que tengo, así que mido mi habitación para asegurarme de que haya espacio para todo. Trato de pensar dónde pondré la cama, la mesa de noche y la cómoda.

Así se verá mi habitación una vez que esté pintada y decorada.

Halla el área total de esta habitación de la nueva casa. Asegúrate de incluir el piso, el cielorraso y las cuatro paredes.

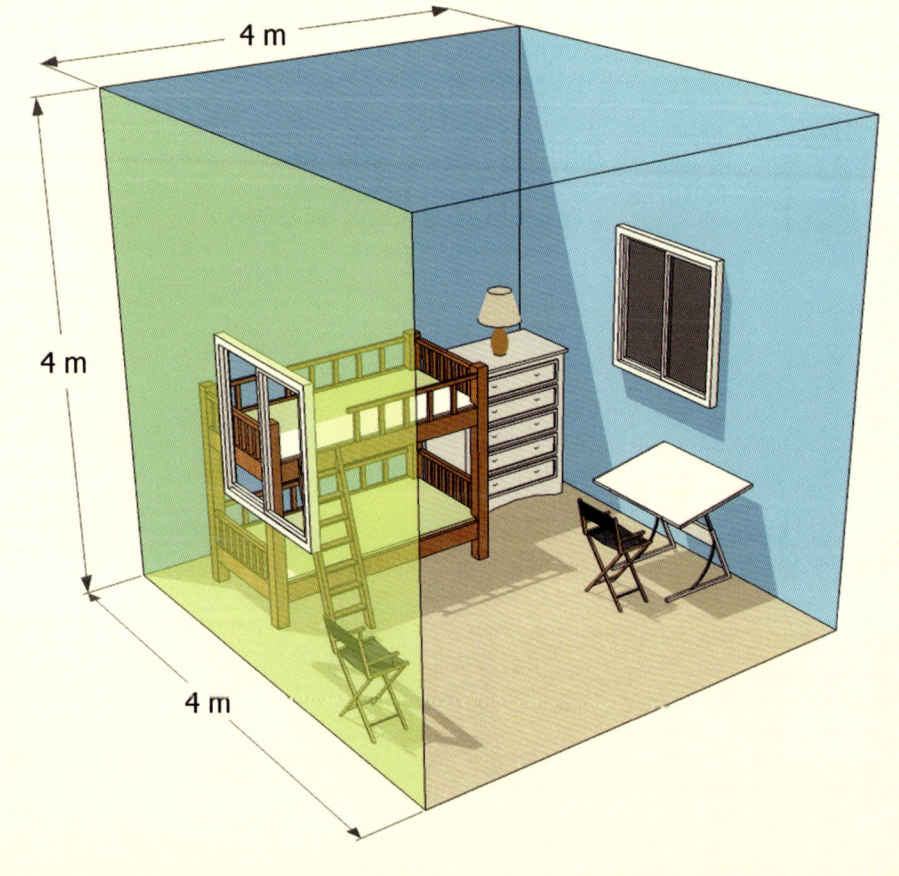

Una vez que todos los muebles estén acomodados, puedo comenzar a guardar mis cosas. Estoy muy entusiasmada porque esta noche voy a dormir en mi nueva habitación.

ACOMODAR LOS MUEBLES

Organizar una habitación y acomodar los muebles de la mejor manera puede ser como armar un rompecabezas. Quieres que los muebles de tu habitación quepan perfectamente y que queden bien. Además, quieres que haya espacio para moverte y estar cómodo.

Además de mis muebles, tengo que encontrar un lugar para mi nuevo acuario. Mi acuario es un cilindro. Antes mi pez estaba una pecera redonda sobre la cómoda, pero el nuevo acuario es muy grande para ponerlo allí. Tengo que encontrarle un lugar en el piso.

Halla el área total del acuario cilíndrico.

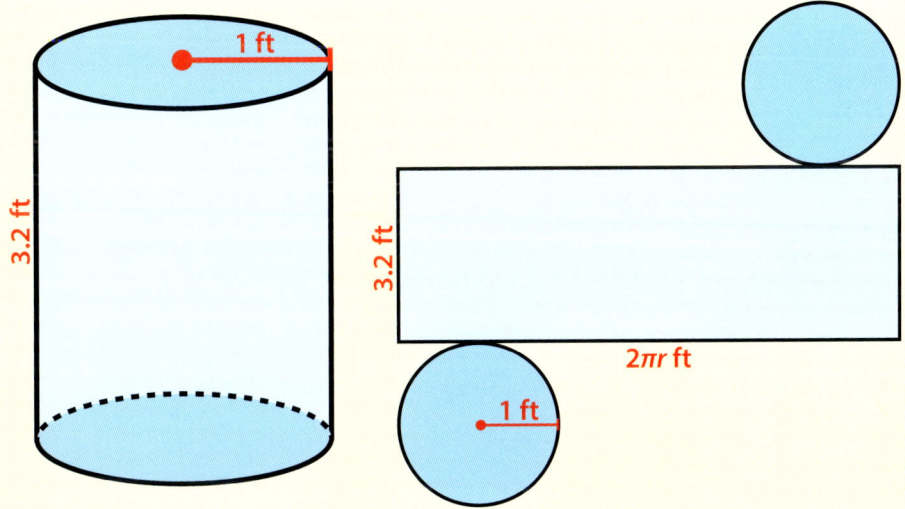

Halla el área de los dos círculos y del rectángulo, y luego súmalas. Usa 3.14 para el valor de π.

a. Halla el área del rectángulo. Observa que la longitud de la superficie curva es igual a la **circunferencia** del círculo, $2\pi r$ o πd, donde r es el radio del círculo y d es el **diámetro**. Redondea a la centésima más próxima.

b. Halla el área de uno de los círculos. (Recuerda que, para hallar el área de un círculo, debes usar la fórmula $A = \pi r^2$). Duplica esa área para incluir ambos círculos. Redondea tu respuesta a la centésima más próxima.

c. Halla la suma de las áreas de las caras. Expresa tu respuesta en unidades cuadradas.

d. Usa tu trabajo para escribir una fórmula que permita hallar el área total de un cilindro.

LLENAR EL ARMARIO

El último paso del proceso de desempacar es guardar toda la ropa. Puedo guardar muchas de mis cosas en la cómoda, pero hay algunas prendas que tengo que colgar en el armario. En la otra casa, mi armario era muy pequeño y no era muy **funcional**. No había mucho espacio, excepto para colgar ropa. En la nueva casa, tengo un armario mucho más grande que puedo usar para la ropa y también para guardar cosas. Mirando otras casas con mis padres, aprendí que el espacio de los armarios es una característica importante que debe tener un buen lugar para vivir.

Medí mi armario y descubrí que mide 5.3 pies de largo y 2 pies de ancho. La altura es 6.5 pies. Tiene el tamaño perfecto para guardar mis cosas. Halla el área total y el volumen de este armario.

EL FINAL DEL DÍA

¡Vaya que ha sido un día largo! Estoy dolorida y cansada, y feliz de irme pronto a dormir. Mi familia trabajó mucho hoy con la mudanza. Todos tuvimos que participar para lograr que las cosas salieran bien. Aunque todavía hay que desempacar muchas cajas, definitivamente ya estamos instalados y nos sentimos cómodos en nuestro nuevo hogar.

Aún me siento un poco nerviosa, especialmente
por el cambio de escuela. Pero hoy descubrí que los
cambios son buenos. La mudanza a esta nueva casa
es un nuevo comienzo. Creo que este será un lugar
maravilloso para vivir.

RESOLUCIÓN DE PROBLEMAS

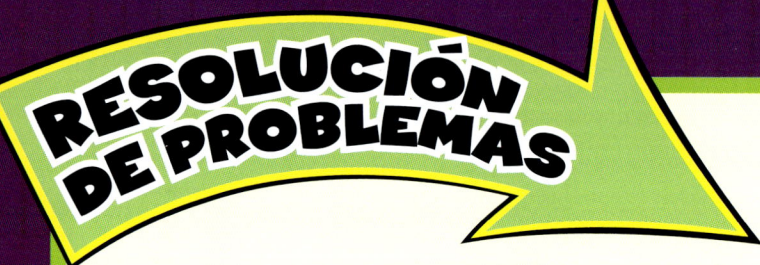

Comparar recipientes

Kayla se va a mudar. Quiere escoger un recipiente que usará para llevar algunos objetos personales. Está comparando las dimensiones de tres recipientes.

- El recipiente A es un prisma rectangular. Mide 5.3 pies de largo y 3.1 pies de ancho. Tiene un volumen de 36.17 ft^3.
- El recipiente B es un cubo. Cada lado mide 4.4 pies.
- El recipiente C es un cilindro. Mide 4.75 pies de alto. Tiene un radio de 1.08 pies.

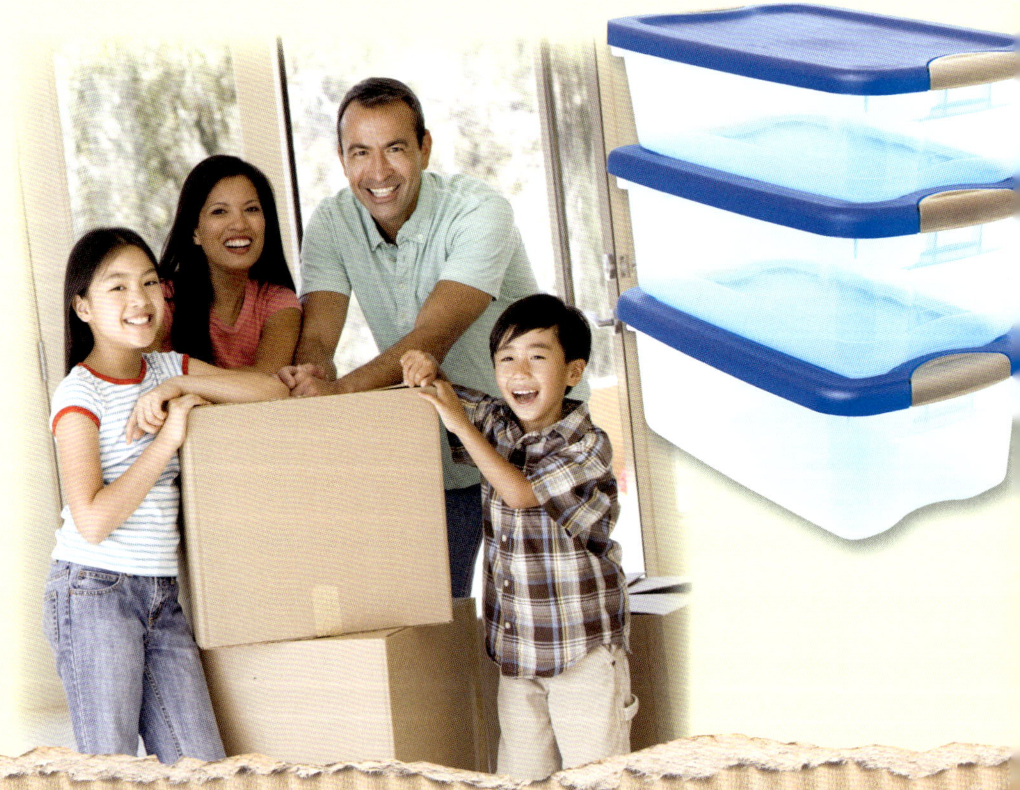

¡Resuélvelo!

a. El recipiente B es un cubo. ¿Qué significa eso en cuanto a la longitud, el ancho y la altura del recipiente? Halla el volumen del recipiente B. Redondea tu respuesta a la centésima más próxima.

b. Halla el volumen del recipiente C en pies cúbicos. Redondea tu respuesta a la décima más próxima.

c. Halla el área total de cada recipiente en pies cuadrados.

d. Si Kayla necesita saber qué recipiente ocupará el menor espacio en el camión de mudanzas, ¿qué medida es la más importante? ¿Por qué?

Usa estos pasos como ayuda para resolver los problemas.

Paso 1: Usa la fórmula del volumen de un cubo, $V = lah$, para resolver el problema **a**.

Paso 2: Usa la fórmula del volumen de un cilindro, $V = \pi r^2 h$, para resolver el problema **b**. Usa 3.14 para el valor de π.

Paso 3: Usa las fórmulas de área total para resolver el problema **c**.

- Área total de un prisma rectangular:
  $AT = 2la + 2ha + 2lh$

- Área total de un cubo: $AT = 6L^2$

- Área total de un cilindro: $AT = 2\pi r^2 + 2\pi rh$

GLOSARIO

ansiosa: intranquila

área: la superficie que abarca el interior de una figura

área total: la suma del área de todas las caras de un cuerpo geométrico

bidimensional: que tiene dos dimensiones: longitud y ancho

cielorraso: el techo de superficie plana y lisa que se encuentra en el interior de las casas y los edificios

cilindro: una figura tridimensional que tiene dos regiones paralelas y congruentes (generalmente círculos) unidas por una superficie curva

circunferencia: el perímetro de un círculo

cubo: un cuerpo geométrico que tiene seis caras cuadradas congruentes

diámetro: un segmento de recta que atraviesa el centro de un círculo y conecta dos puntos del círculo

esencial: absolutamente necesario

fórmula: una ecuación o regla matemática general

funcional: que sirve a un propósito útil

poliestireno expandido: un material plástico muy liviano que se usa para realizar embalajes y aislamientos

prismas rectangulares: objetos tridimensionales con seis caras rectangulares

radio: un segmento de recta que se extiende desde el centro de un círculo hasta cualquier punto de ese círculo

red: una figura bidimensional que puede plegarse para formar un cuerpo geométrico

tridimensional: que tiene tres dimensiones: longitud, ancho y altura

unidades cuadradas: las unidades que se usan para medir el área

volumen: la cantidad de espacio que ocupa un objeto tridimensional

ÍNDICE

Exploremos las matemáticas

Página 6:

a. 3,822 in^3

b. 2 ft

Página 9:

a. Para hallar la cantidad de cubos que hay en la capa superior, multiplico la longitud por el ancho.

b. 10 capas

c. 1,000 in^3

d. Un cubo es un prisma rectangular en el que la longitud, el ancho y la altura son iguales.

Página 11:

a. Maletero del auto: $V = 32.4$ ft^3; Espacio de carga en el camión de mudanzas: $V = 1,647.36$ ft^3

b. Aproximadamente 50 cargas

Página 15:

a. 38.47 cm^2

b. 384.7 cm^3

c. 609.29 cm^3

Página 17:

a. 1,470 ft^3

b. 138.16 ft^3

c. El volumen real sería menor que el volumen hallado en el problema **b**.

Página 17 *(cont.)*:

d. Las fórmulas son diferentes porque la fórmula para hallar el volumen de un prisma rectangular es diferente de la fórmula para hallar el volumen de un cilindro.

Página 19:

a. Piso: $A = 528$ ft^2;
Piso + cielorraso: $A = 1,056$ ft^2

b. Pared lateral: $A = 220$ ft^2;
Ambas paredes laterales: $A = 440$ ft^2

c. Pared posterior: $A = 240$ ft^2;
Pared posterior + pared del frente: $A = 480$ ft^2

d. $AT = 1,056 + 440 + 480 = 1,976$ ft^2

e. 4 latas de pintura
($AT = 1,552$ ft^2; $1,552 \div 388 = 4$)

f. $AT = 2la + 2lh + 2ah$ o
$AT = 2(la + lh + ah)$

Página 21:

96 m^2

Página 23:

a. $A = 20.1$ ft^2

b. 3.14 ft^2; 6.28 ft^2

c. $AT = 26.38$ ft^2

d. $AT = 2\pi r^2 + 2\pi rh$

Página 25:

$AT = 116.1$ ft^2
$V = 68.9$ ft^3

Resolución de problemas

a. Todas las dimensiones del recipiente B son iguales. $V = 85.18$ ft^3

b. $V = 17.4$ ft^3

c. Recipiente A: 69.82 ft^2; Recipiente B: 116.16 ft^2; Recipiente C: 39.54 ft^2

d. El volumen es la medida más importante porque indica cuánto espacio ocupa una figura tridimensional.